OBSERVATIONS
RAPIDES

Sur les poſſeſſions Françaiſes dans les deux Indes.

OBSERVATIONS

RAPIDES

Sur les possessions Françaises dans les deux Indes.

ON ne peut s'entretenir des colonies sans rendre hommage au génie audacieux de ce hardi navigateur, qui, le premier, s'élança sur l'immensité des mers, & revint en Europe avec la découverte d'un nouveau monde. Pour justifier la relation de son premier voyage, Christophe Colomb remplit les coffres de l'Espagne de monceaux d'or qu'il en avoit apportés. L'amour du merveilleux & des richesses gagna bientôt de proche en proche. Chaque peuple Européen eut ses illuminés entreprenans. L'émulation fit des miracles ; & l'art de la navigation fut porté au période de perfection où nous le voyons aujourd'hui.

Tandis que les Espagnols fouilloient les entrailles de la terre pour en arracher ce métail fi pur ; les Français , nation tout-à-la-fois agricole , commerçante & magnanime , s'attacherent à careffer la fuperficie du territoire qu'ils aborderent. La fertilité du fol dans les Antilles , fournit des reffources inépuifables à leur induftrieufe activité.

La révocation de l'édit de Nantes y tranfplanta plufieurs victimes d'un fanatifme inconfidéré. Elles y porterent l'habitude de l'ordre, du travail & l'exemple de leurs vertus. Elles fauverent nos premieres plantations de l'inquiétude bouillante des Flibuftiers , affemblage d'hommes terribles dans les combats , qui firent trembler la puiffance Efpagnole par leurs incurfions & leur témérité. L'hiftoire nous a tranfmis des faits de leur intrépide courage , qui tiennent du prodige.

Dès le principe de nos établiffemens dans les deux Indes , les Français reconnurent que ce climat brûlant ne leur permettoit pas de fe livrer au travail manuel & affidu de la culture des terres , & qu'il falloit une réunion de bras affez confidérable pour la rendre fructueufe. Des circonftances leur fournirent l'occafion de fe fervir des noirs , qui réuffirent au-delà de leurs efpérances.

La traite en Afrique s'établit. L'agriculture prit dans les colonies une confiftance active.

Le gouvernement français ouvrit les yeux sur les immenses possessions que des hommes sans caractere lui avoient acquises. Des fautes énormes furent commises dans cette nouvelle administration. Le desir de la fortune multiplia cependant l'affluence dans nos ports de mer, qui se peuplerent de négocians instruits. Les spéculations s'accrurent. Pour faciliter la vente des noirs, le crédit fut ouvert ; les Colons en profiterent, & cette avantageuse facilité les rendit tributaires du commerce de France.

Avant la révolution, le pavillon français flottoit sur toutes les mers connues ; le commerce & l'industrie étoient parvenus au période le plus intéressant. Nos sucres, nos cafés, nos cotons & nos indigos avoient la préférence dans tous les marchés. La France devoit aux riches productions de ses colonies, l'augmentation de ses manufactures, l'aisance de ses habitans, & sa prépondérance dans le systême politique de l'Europe.

Saint-Domingue donnoit au trésor public 60 millions de droits d'occident. Cinq cents navires, au moins, depuis trois jusqu'à six cents tonneaux, partoient tous les ans des différens ports de France, pour cette isle de prédilection. Les ventes & les retours en denrées coloniales s'y faisoient rapidement.

Les Anglo - américains y entretenoient égale-
ment un commerce suivi avec des petits bâ-
timens de 60 à 120 tonneaux. L'interlope y
étoit défendu ; mais il engourdiſſoit la rigueur
des lois par ſon utilité.

Cette proſpérité ſoutenue irritoit la baſſe
jalouſie de ces inſulaires dominateurs , qui ne
nous pardonneront jamais la perte des États-
unis de l'Amérique , à laquelle nous avons
contribué d'une maniere ſi puiſſante. Des émiſ-
ſaires de la fiere Albion furent diſſéminés en
France. L'or fut diſtribué à pleines mains pour
faire peindre l'inhumanité des Colons envers
les noirs. Le ſilence des Colons , qui mépri-
ſoient les ſifflemens de l'envie , accrédita ces
inſinuations perfides. La calomnie avoit beau-
coup gagné ſur les eſprits, lorſque la révolution
arriva , & les colonies eurent l'orgueil de
la repréſentation.

Vingt ou trente députés Colons ne pou-
voient rien contre une réunion de douze cents
hommes, qui avoient preſque tous les mêmes
principes dans ces momens d'enthouſiaſme. Il
falloit profiter de l'offre que le gouvernement
leur fit , de ſe rendre chacun dans leur
colonie reſpective, & d'y faire un code de lois
locales qu'il ſanctionneroit. Il falloit flatter

l'amour-propre des gens de couleur , appeller tous les propriétaires , furveiller les nouveaux débarqués très-attentivement, & faire des facri- fices pécuniaires pour entretenir une force impofante.

Qu'ont fait tous ces légiflateurs Américains à l'affemblée conftituante, à la légiflative , & à la convention nationale qui décréta , le 16 Pluviofe, an 2 , cette funefte liberté des noirs ? quelle digue apparente ont-ils oppofée à ce torrent deftructeur de nos poffeffions lointaines ? leur filence fembloit approuver cet acte irré- fléchi. Avec l'art de fcruter les confciences , on découvriroit peut-être les motifs intéreffés d'une infouciance auffi fcandaleufe.

Plufieurs colonies fe font heureufement pré- fervées des effets de cette loi défaftreufe , foit par les événemens de la guerre , foit par leurs éloignemens de la métropole & la con- tenance ferme de leurs habitans. Mais les trop fameux Poilverel & Santonax font vomis à faint-Domingue. Le mot de liberté y frappe tout d'un coup l'oreille des noirs , qui aban- donnent auffi-tôt leurs atteliers, & qui affaffinent enfuite tout ce qui porte une figure blanche. Leur fureur fanguinaire n'épargne pas même les gens de couleur. Ils dévaftent , ils pillent , ils incendient tout ce qui tombe en leur

A 4

pouvoir. La ville du Cap, si riche par son commerce, devient la proie des flammes sous les yeux de ces deux proconsuls. Poilverel, au souvenir de tant de crimes inouis, se rend justice, s'empoisonne & termine son exécrable carriere.

Santonax, inaccessible à toute espece de remords, vivoit en France muni des dépouilles des malheureuses victimes immolées à sa rage. Une nouvelle mission pour saint-Domingue se présente : Santonax a la préférence. Il est à peine débarqué dans cette colonie pour la seconde fois, que le massacre des blancs recommence, & s'exécute presque en entier. Les destitutions, les proscriptions, sont ses actes de clémence : le mot de propriétaire enflamme son courroux. Enfin, la dévastation y est à son comble ; l'incendie a tout détruit ; & l'œil ne se repose plus aujourd'hui que sur des cendres amoncelés dans ces vastes plaines, qui offroient jadis le tableau riant d'une agréable & perpétuelle verdure.

Cependant Santonax est encore à saint-Domingue avec des pouvoirs illimités. Il y prouve par sa conduite atroce, qu'il a des liaisons intimes avec le machiavélisme Anglican qui a ruiné nos colonies, notre commerce, anéanti notre marine, & rendu ces insolens

Bretons , maîtres abſolus de l'empire des mers.

Après avoir fait connoître la poſition brillante de nos colonies, & les avantages que la Métropole en retiroit avant la révolution ; après avoir tracé rapidement les horreurs dont ſaint-Domingue a été le théâtre par la liberté des noirs ; il reſte à démontrer l'impoſſibilité phyſique & morale d'en relever l'agriculture ſans la traite & l'eſclavage.

Je ſais que leur aſpect effraie d'abord l'imagination prévenue. Mais , on ignore que le negre eſt façonné à la ſervitude dès ſon enfance , même dans ſon pays natal , où mille dangers l'environnent ; qu'il trouve dans les colonies la bienfaiſance qui lui étoit inconnue , & tous les ſecours qu'on doit à l'humanité ſouffrante.

Que le gouvernement daigne entendre les accens de la vérité ! il prendra de ſuite dans la plus grande conſidération , les maux qui déſolent les colonies , & qui refluent d'une maniere ſi affligeante ſur nos ports de mer & dans l'intérieur de la République.

Des noirs de huit à dix nations différentes étoient tranſplantés d'Afrique dans les Antilles. La plupart ne ſympatiſoient pas enſemble. Une longue expérience avoit appris aux cultivateurs de saint-Domingue à ne pas mêler ces nations dans leurs attéliers. Il y avoit dans cette colonie environ 600 mille noirs pour la culture de ses riches productions : ils sont à présent réduits au tiers. Leur réunion en masse contre les blancs, n'y a pas plus rapproché ces diverses nations. Leur haine réciproque est la véritable cause de cette diminution énorme ; puisque les blancs ont fui en Europe, ou à la nouvelle Angleterre, pour se soustraire à une mort inévitable.

Les noirs n'ont aucune émulation ; ils sont d'une insouciance apatique ; ils n'ont aucune espece de moralité ; leur ignorance & leur superstition tiennent au matériel de leurs organes. Eux seuls peuvent cultiver les terres dans les Antilles ; leur physique se fortifie dans ce genre de travail qui tue les blancs.

Les noirs ont-ils fait quelque chose à saint-Domingue en faveur de l'agriculture qu'ils avoient détruite ? rien encore, absolument rien. Ils y jouissent cependant d'une liberté absolue, mais trop prématurée pour leur foible intelligence. Cette liberté doit leur être bien à charge ; par la certitude où je suis qu'ils sont hors d'état de se conduire eux-mêmes. Je puis me permettre cette assertion, & ajouter

que , fi on veut conferver les colonies , il eft
urgent de tirer les noirs de la mifere & de
l'abandon où ils fe trouvent fans doute aujour-
d'hui ; & qu'il feroit dangereux de les laiffer
plus long-tems livrés à leur pareffe , à leur
inquiétude & à leur inconftance naturelle. L'expérience de trois annéés confécutives de défo-
lation & de mort , a prouvé d'une maniere
inconteftable , que la liberté des noirs , fans
des moyens progreffifs , étoit la perte des
colonies pour les Français , & la dépopulation
totale de cette claffe d'hommes fi néceffaires à
l'agriculture dans les Antilles.

J'aime à croire que la malveillance n'op-
poféra pas la guerre avec les Anglais , à mon
opinion véridique fur la fituation de nos colonies en général, & particuliérement fur celle
de faint-Domingue qui a le plus fouffert. Nous
avons foutenu plufieurs guerres contre cette
nation , pendant lefquelles on couroit la
chance d'une affurance très-forte ; mais l'agriculture , l'induftrie & l'activité commerciale
n'étoient pas interrompues.

Les naiffances des noirs à faint - Domingue
ne balançoient pas les mortalités. Leur popu-
lation y ayant diminué des deux tiers en fi
peu de tems , il n'y a que la traite en Afrique qui puiffe rétablir fon agriculture. Les

empyriques Philantropes vont fonner le tocfin contre moi ; l'intérêt de ma patrie l'emporte. Je refpecte l'humanité , qu'ils déshonorent par leur fyftême deftructeur de la profpérité nationale.

Sous quelle forme de gouvernement civilifé qu'on exifte , on eft foumis à des lois protectrices de la perfonne & de la propriété de chaque individu. En aliénant les propriétés de plufieurs milliers de citoyens laborieux qui n'ont pas démérité de la mere commune , on brife tous les liens du pacte focial.

La liberté des noirs fut décrétée pendant le regne affeux de ces hommes de fang , qui tyrannifoient la convention nationale & la France entiere. Le gouvernement républicain , dont la bienfaifance n'eft plus problématique , s'empreffera de détruire ce monument d'iniquité. L'intérêt de fes manufactures & de fon commerce , l'exiftence de fix millions d'ames qui vivoient en France par le moyen de leurs liaifons avec les colonies , l'emporteront fur les ftupides Africains , qui joignent à l'imbécillité de l'enfance , la férocité du tigre. Le gouvernement doit cet acte de juftice aux malheureux Colons , en faveur du fang français qui coule dans leurs veines , & de leur attachement inviolable à la métropole.

L'amniftie générale dans les colonies, doit fuivre le rapport du décret fur les noirs. C'eft le feul moyen de diffiper la frayeur d'un côté, d'arrêter les vengeances de l'autre, & d'y ramener le bon ordre avec la confiance. Des lois douces, fagement combinées pour les localités, en feront difparoître ces êtres immoraux pour qui les féditions, les défordres & les mouvemens convulfifs, font les élémens de leur coupable exiftence. La liberté d'un noir n'y fera plus l'ouvrage de quelques complaifances criminelles. La libéralité des Colons n'y fera plus obftruée par une rétribution arbitraire du fifc, qui mettoit fouvent dans l'impoffibilité d'y récompenfer le mérite. Le gouvernement ne donnera des pouvoirs dans les colonies, qu'à des hommes prudens, d'une probité bien reconnue, & d'une conduite irréprochable dans les différentes époques de la révolution.

VIVE LA RÉPUBLIQUE.

AMIEL, *Ex-Commiffaire des guerres, Administrateur Municipal de la Commune d'Avignon.*